Compagnie des Tramways à Vapeur

de Loir-&-Cher

Loi du 22 Juillet 1922

RELATIVE

aux Retraites des Agents

des Chemins de Fer secondaires

d'intérêt général,

des Chemins de Fer d'intérêt local

et des Tramways

Loi relative aux Retraites

des

Agents des Chemins de Fer secondaires d'intérêt général, des Chemins de Fer d'intérêt local et des Tramways

---

Le Sénat et la Chambre des députes ont adopté,

Le Président de la République promulgue la loi dont la teneur suit :

§ Iᵉʳ. — *Principes généraux.*

Article premier. — Il sera servi aux agents des voies ferrées d'intérêt local et aux agents des chemins de fer d'intérêt general, autres que ceux soumis à la loi du 21 juillet 1909, en service permanent depuis au moins un an, une retraite au moins égale à celle établie par la présente loi.

Il sera créé à cet effet une caisse autonome mutuelle qui fonctionnera dans les conditions énoncées ci-après et sous le contrôle de l'État, dans les conditions prevues à la loi du 5 avril 1910.

Les autres agents, y compris ceux des exploitations saisonnières non pourvus d'un emploi permanent, seront placés sous le régime de la loi du 5 avril 1910.

La presente loi ne s'applique pas :

1º Aux agents des chemins de fer souterrains ;

2º Aux agents des lignes concédées à des compagnies minières, agrégés à la caisse autonome instituée par la loi du 25 février 1914 ;

3º Aux agents des compagnies qui jouissent déjà d'un régime de retraites leur donnant des avantages au moins équivalents à ceux prévus par la présente loi ;

4º Aux agents des compagnies dans lesquelles un tel régime viendrait à être appliqué dans le délai d'un an à partir de la promulgation de la loi et dont les propositions ont été soumises à l'homologation ministérielle avant le 1er janvier 1922.

Les agents de ces compagnies qui ne font pas partie des caisses prévues aux paragraphes 1, 2, 3 et 4 ci-dessus sont affiliés de plein droit à la caisse autonome.

Toutefois, les agents qui font partie des caisses visées aux paragraphes 3 et 4 ci-dessus auront la faculté d'opter, soit pour le régime de retraites institué par la présente loi, soit pour le régime spécial de leur compagnie ou administration. Ils devront en aviser cette dernière, par lettre recommandée, au plus tard le 1er avril 1923.

Art. 2. — Sont considérés comme agents des voies ferrées appelés à bénéficier des dispositions de la présente loi tous les agents — employés ou ouvriers des deux sexes — attachés, d'une manière régulière et permanente, à une administration ou à une compagnie exploitant un réseau de voies ferrées et un service de transports en commun sur routes, lorsque les deux exploitations sont confondues et que les agents sont affectés indistinctement à l'une ou à l'autre exploitation.

§ II. — *Affiliation.*

Art. 3. — L'affiliation au régime des retraites est obligatoire après un an de service continu dans un emploi du cadre permanent d'une administration de chemins de fer ou de tramways susvisés, effectué après que l'intéressé aura satisfait aux obligations du service militaire dans l'armée active.

Toutefois, lorsque l'intéressé aura été réformé, soit avant soit après l'incorporation, l'année d'emploi permanent ne pourra commencer qu'à partir du jour où la classe à laquelle il appartient, par son âge, sera rentrée dans ses foyers.

Pour les femmes, l'affiliation a lieu après une année d'emploi permanent à compter de leur majorité ou de leur mariage.

Dans tous les cas, l'affiliation partira du 1er du mois qui suivra l'expiration des délais ci-dessus.

§ III. — *Alimentation de la caisse des retraites.*

Art. 4. — La caisse autonome mutuelle des retraites sera alimentée par un prélèvement sur les salaires, par des versements faits par les compagnies et par l'État.

Art. 5. — Tous les salariés seront soumis aux charges et bénéficieront des avantages des retraites, mais les salaires supérieurs à 12.000 fr. ne seront comptés que pour ce chiffre.

Dans les traitements ou salaires, on comprendra les primes et tous les avantages accessoires assimilés à une augmentation de salaire qui ne constituent pas un remboursement de frais, un secours ou une gratification.

Art. 6. — Chaque agent subira une retenue de 5 o/o sur son salaire, et au maximum sur 12.000 fr. par an, pour être versée à la caisse autonome mutuelle.

Art. 7. — Les versements de l'exploitant seront de 6 o/o des salaires jusqu'au maximum fixé de 12.000 fr. par agent et par an.

Cette charge patronale sera portée au compte des dépenses d'exploitation de chaque entreprise.

Des avenants aux conventions seront établis, dans le délai d'un an à dater de la mise en vigueur de la loi, en vue de modifier temporairement les cahiers des charges et les conditions et formules figurant dans les actes de concession, pour les cas où la somme définie au paragraphe suivant ne permettrait pas de couvrir la charge patronale.

Cette somme sera égale au produit net d'exploitation, majoré des subventions de l'État et des pouvoirs concédants, et diminué des charges du capital-obligations, de l'intérêt des actions non amorties à raison d'un maximum de 4 o/o, et, éventuellement, des dépenses de grosses réparations des voies.

Pour les exploitations en régie directe, le produit net sera majoré des subventions de l'État et diminué de toutes annuités et charges de rachat.

Les avenants ci-dessus visés seront approuvés dans tous les cas par decret délibéré en Conseil d'État.

Lorsque l'application du présent article imposera une charge financière aux pouvoirs concédants, l'État y contribuera à concurrence des trois cinquièmes, jusqu'au 31 décembre 1927.

A partir du 1ᵉʳ janvier 1928, la contribution patronale des retraites sera tout entière considérée comme une charge normale d'exploitation.

Art. 8. — L'État versera annuellement à la caisse autonome mutuelle une somme équivalente à celle qu'exigeraient de lui les charges qui résulteraient de l'affiliation des agents aux retraites ouvrières et paysannes, etant entendu que ce versement ne sera pas inférieur à 1 o/o du montant des salaires des agents en activité.

§ IV. — *Fonctionnement de la caisse autonome mutuelle.*

Art. 9. — Les versements seront effectués à capital aliéné à la caisse autonome mutuelle.

Les versements des agents et des exploitants se feront à la fin de chaque trimestre, ceux des agents étant effectués pour leur compte par l'exploitant, qui en fera la retenue d'office sur leur salaire.

En aucun cas, les exploitants ne pourront se refuser à effectuer les versements ainsi prescrits.

Même en cas d'insuffisance du produit net, ils devront parfaire le versement de 6 o/o du montant des salaires, quitte à se faire rembourser, dans les conditions prévues à l'article 7, par les pouvoirs concédants.

La caisse jouira de la personnalité civile.

Art. 10. — La caisse autonome mutuelle fonctionnera sous le système de la répartition, étant entendu que l'excédent des recettes — qui restera à la caisse chaque année — formera un fonds de réserve qui sera versé à la caisse autonome mutuelle. et auquel viendront s'ajouter, chaque année les intérêts. Ce fonds de réserve servira à combler, le cas échéant, l'insuffisance des recettes et à constituer, à partir de la quinzième année de fonctionnement de la loi, le capital de couverture des pensions liquidées.

A l'expiration de la dixième année, le Ministre des Travaux Publics, d'accord avec le Ministre des Finances, proposera, s'il y a lieu, la revision des versements alimentant la caisse autonome ou des mesures propres à assurer la péréquation des charges. Cette revision se fera ensuite de dix en dix ans.

Les placements de fonds seront effectués dans les conditions prévues par le paragraphe 3 de l'article 15 de la loi du 5 avril 1910.

La gestion fiancière de la caisse autonome mutuelle des agents des chemins de fer secondaires sera confiée à la Caisse des Dépôts et Consignations, qui effectuera gratuitement les placements, moyennant le simple remboursement des droits et frais de courtage ou d'acquisition.

Les placements de la caisse autonome seront effectués sur sa propre désignation ; la Caisse des Dépôts et Consignations ne pourra se refuser à exécuter les ordres d'achat ou de vente, sauf à les fractionner, s'il y a lieu, suivant la situation du marché, et sauf avis contraire de la section permanente du Conseil supérieur des retraites ouvrières, en ce qui concerne les ordres de vente.

Le compte courant ouvert par la Caisse des Dépôts et Consignations au profit de la Caisse autonome des retraites des agents des chemins de fer secondaires produira un intérêt égal à celui du compte courant de la Caisse des Dépôts et Consignations au Trésor.

Un règlement d'administration publique, rendu sur la proposition des Ministres des Travaux Publics, des Finances et du Travail, après avis de la Commission de surveillance de la Caisse des Dépôts et Consignations, déterminera les mesures d'exécution relatives à la gestion financière.

Art. 11. — La Caisse autonome mutuelle sera administrée par un Conseil d'administration composé de :

1º Six membres élus par le personnel ;

2º Six membres élus par les compagnies.

3º Trois conseillers généraux et trois représentants des communes intéressées, désignés par le Ministre de l'Intérieur ;

4º Le Directeur de la Caisse des Dépôts et Consignations et le Directeur des Retraites ouvrières et paysannes ;

5º Un représentant du Ministre des Travaux Publics et un du Ministre des Finances.

Le Conseil nommera parmi ses membres un président et un secrétaire.

Un règlement d'administration intérieure, élaboré par le Conseil d'administration et soumis à l'approbation du Ministre des Travaux Publics, déterminera les attributions et émoluments des agents de la Caisse autonome, ainsi que le fonctionnement administratif et les règles de la comptabilité de ladite caisse.

§ V. — *Importance des retraites.*

Art. 12. — Après trente ans de service, les agents — employés ou ouvriers de l'un ou l'autre sexe — auront droit à la retraite s'ils ont atteint l'âge de cinquante-cinq ans, quand ils appartiennent au personnel roulant, ou soixante ans, dans toutes les autres catégories.

Ils pourront cependant, s'ils le demandent, et avec le consentement de l'exploitant, être maintenus en activité au delà des limites d'âge ci-dessus indiquées.

L'entrée en jouissance de la pension sera alors reculée aussi longtemps que le titulaire restera en activité.

Sera classé dans la catégorie du personnel roulant tout agent ayant fait au moins quinze ans dans ce service roulant.

Le temps qui sera passé sous les drapeaux, en sus du service dans l'armée active, entrera, en cas de mobilisation, en ligne de compte dans la durée de service. Pour bénéficier de cet avantage, les agents mobilisés devront avoir appartenu au personnel du réseau au moins une période continue d'un an avant la date de leur mobilisation et y avoir repris leur emploi dans le délai de six mois suivant leur démobilisation.

Dans tous les cas, l'entrée en jouissance de la pension partira du 1er du mois qui suivra la date réelle de la mise à la retraite.

Art. 13. — Le taux de la pension, pour tous agents réunissant les conditions d'âge et de durée de service indiquées au premier paragraphe de l'article 12, ne pourra être inférieur à un soixantième, par année de versement, du montant du salaire moyen des six dernières années.

Toutefois, pour un agent du service roulant qui, dans les cinq années précédant sa mise à la retraite, serait dans un autre service, la retraite ne pourrait être inférieure à celle calculée sur la base du salaire moyen des six dernières années dans le service roulant.

Les agents et les exploitants possèdent le droit d'améliorer les retraites au moyen de versements supplémentaires qui seront portés sur un livret spécial à chaque agent et lui constitueront ainsi une superretraite.

Les versements portés sur le livret seront faits à capital réservé et la totalité du capital — formé par ces versements capitalisés au taux moyen des placements de la Caisse autonome — pourra, sur la demande de l'agent, être remise à celui-ci quand il prendra sa retraite.

Art. 14. — Tout agent qui, en période normale, sera atteint par la limite d'âge, de cinquante-cinq ou soixante ans, avant d'avoir la durée de service prévue par la loi, aura droit, s'il a au moins quinze ans de szrvice, à une retraite proportionnelle sur la base du un soixantième du salaire moyen des six dernières annees, par annee de versement.

S'il a moins de quinze ans de service, il aura droit à la remise de tous les versements effectués à son compte, majorés de leurs intérêts à 3 o/o.

Art. 15. — L'agent — employé ou ouvrier — qui, par suite de maladie, blessures ou infirmités ne résultant pas de l'exercice de ses fonctions, sera dans l'impossibilité de continuer son service, suivant décision d'une commission de réforme, aura droit à la remise de tous les versements effectués à son compte, majorés de leurs intérêts de 3 o/o, s'il a moins de quinze ans de service.

S'il a plus de quinze ans de service, il aura droit à une

retraite immédiate sur la base de un soixantième du salaire moyen des six dernières années, par année d'affiliation.

Art. 16. — Si l'invalidité résulte de l'exercice de ses fonctions, il aura droit à une pension à jouissance immédiate sur la base du soixantième du salaire par année de versement, avec minimum de huit soixantièmes.

Les rentes dues aux agents victimes d'accidents du travail sont totalisées avec celle-là.

Cependant, si le total excède les deux tiers du traitement de l'agent, la retraite servie par la Caisse autonome sera réduite en conséquence.

Art. 17. — Lorsqu'un agent, employé ou ouvrier, quittera le service en dehors des causes spécifiées ci-dessus, il aura droit à ses versements personnels qui seront employés de la manière suivante :

La Caisse autonome versera :

1° A la Caisse des Retraites ouvrières et paysannes une somme égale aux annuités majorées des intérêts nécessaires que l'agent et l'exploitant auraient versées à cette caisse, si l'agent n'avait pas été affecté à la Caisse autonome ;

2° A la Caisse nationale des Retraites pour la vieillesse, pour lui constituer une retraite à l'âge de cinquante-cinq ans, le surplus de ses versements personnels :

Sans intérêts, s'il a moins de dix ans de service ;

Majorés des intérêts de 1 o/o, s'il a de dix à quinze ans de service ;

Majorés des intérêts de 2 o/o, s'il a de quinze à vingt ans de service ;

Majorés des intérêts de 3 o /o, s'il a vingt ans de service et au-dessus.

En ce qui concerne le décompte de la période des versements donnant droit aux subventions de l'État, la somme versée en vertu du paragraphe 1er (alinéa 1°) ci-dessus comptera pour un nombre d'annuités égal à celui des versements faits par l'agent à la Caisse autonome.

Il sera délivré à l'agent deux livrets, un pour la retraite ouvrière et paysanne, et un autre pour la Caisse nationale des Retraites pour la vieillesse, livrets qui seront sa propriété personnelle et où figureront les sommes portées à son compte, calculées comme il est indique ci-dessus.

Un agent pourra passer d'une compagnie dans une autre et continuera à être affilié au régime des retraites de la Caisse autonome, mais ce, sous la double condition de faire partie du cadre permanent de la nouvelle compagnie, et de subir un stage d'un an avec versements ne comptant pas dans la durée de service exigée pour la retraite.

§ VI. — *Réversibilité.*

Art. 18. — Les pensions de retraite sont réversibles pour moitié au profit des veuves, sauf en cas de divorce et de séparation de corps prononcée aux torts exclusifs de la femme.

La réversibilité n'aura lieu que si le mariage est de trois ans au moins antérieur à l'époque à laquelle le mari aura cessé ses fonctions. Aucune condition de durée de mariage ne sera exigée pour la réversibilité s'il existe un enfant né des conjoints au moment où le mari cesse ses fonctions.

Lorsque la cessation des fonctions du mari sera la conséquence d'un accident survenu dans le service, il suffira que le mariage soit antérieur à l'accident.

A défaut de veuve habile à recevoir la pension, les orphelins âgés de moins de dix-huit ans auront droit à la réversibilité de la demi-pension.

En cas de décès d'un agent en service, les veuves et orphelins ont droit, dans les conditions indiquées par les deux premiers alineas du présent article, à la réversibilité de la moitié de la pension à laquelle aurait droit le mari en raison de son âge ou de sa durée d'affiliation.

Toutefois, si le mari a moins de quinze ans de service, les ayants droit recevront simplement les versements effectués au compte du mari, majorés des intérêts simples à 3 o/o.

§ VII. — *Période transitoire.*

Art. 19. — A tout agent ayant plus de soixante ans d'âge et au moins quinze ans de service, lors de l'application de la présente loi, qui demandera sa mise à la retraite, il sera servi pour chaque année de service effectif : 1 o/o du salaire moyen des six dernières années de service.

Par la suite, il sera servi à tout agent mis à la retraite une pension calculée sur les bases suivantes :

1º 1 o/o pour chaque année de service antérieure à la présente loi ;

2º Un soixantième pour chaque année de service postérieure, à la condition qu'il ait, en totalité, au moins quinze ans de service et qu'il réalise les conditions d'âge requises par la présente loi.

Ces sommes seront fournies directement par la caisse autonome.

Si un agent ou un ayant droit d'agent bénéficie déjà d'une retraite constituée avec l'aide de l'État, des départements, des communes ou des exploitants, la pension résultant de l'application du paragraphe 1er et du paragraphe 2 (alinéa 1°) ci-dessus sera calculée de manière qu'en l'ajoutant à ladite retraite elle ne donne pas une somme globale supérieure à un soixantième du traitement moyen des six dernières années, par année de service.

Les agents licenciés depuis le 1er janvier 1922 bénéficieront des avantages du régime transitoire, s'ils remplissent les conditions exigées par le présent article.

§ VIII. — *Dispositions générales.*

Art. 20. — Dans le délai d'un an, toutes les caisses spéciales non visées à l'article 1er seront liquidées. Un décret portant règlement d'administration publique déterminera les conditions de liquidation de chaque caisse ; mais, en principe, les sommes que possèdent ces caisses seront réparties entre les agents qui y sont affiliés, au prorata des versements faits par eux ou à leur compte et portées sur un livret spécial à chacun d'eux. Les fonds seront versés à la Caisse autonome.

La Caisse nationale des Retraites pour la vieillesse ou celle de même nature ayant reçu des fonds pour les retraites de ces agents resteront débitrices vis-à-vis de ces derniers des rentes éventuelles ou inscrites correspondant aux versements reçus par elles, mais par l'intermédiaire de la Caisse autonome.

Exception sera faite pour les agents des compagnies, employés lors de la promulgation de la présente loi, jouissant d'un régime de retraites par répartition, non visé à l'article 1er.

Pour ces derniers, la Caisse autonome mutuelle instituée par la présente loi se substituera à la caisse existante et servira des retraites équivalentes à celles prévues par cette caisse jusqu'à ce que le montant de la retraite instituée par cette loi devienne égal ou supérieur.

A ce moment, les agents affiliés à cette caisse tomberont sous le régime de la présente loi.

Les fonds de réserve pouvant exister dans de telles caisses de répartition viendront s'ajouter, dès la dissolution de cette caisse, au fonds de prévoyance de la Caisse autonome mutuelle.

Les compagnies qui effectuent déjà des versements supérieurs à 6 o/o ne pourront se prévaloir, pour les agents actuellement en service, des dispositions de la présente loi pour diminuer la part qu'elles supportaient pour leur compte personnel. Le cas échéant, les sommes excédant ainsi les versements prescrits par la présente loi seront versées au livret spécial prévu à l'article 13.

Art. 21. — Le régime qui vient d'être défini entrera en vigueur le 1er janvier 1923.

Art. 22. — La pension de retraite sera payée trimestriellement aux ayants droit.

Elle est incessible et insaisissable jusqu'à concurrence de 720 fr. ; pour le surplus, la pension est cessible jusqu'à concurrence du dixième et saisissable pour un autre dixième.

Art. 23. — La composition et le fonctionnement des commissions de réforme prévues par la présente loi seront déterminés pour les réseaux de chaque département par un décret rendu dans la forme de règlement d'administration publique.

Cette commission devra comprendre des représentants de l'État, des représentants des autorités concédantes, des délégués des exploitants et des représentants élus du personnel.

Art. 24. — En cas de retard dans les versements ou de contestation entre la Caisse autonome et les exploitants, ceux-ci seront redevables envers la caisse, non seulement de la somme en litige, mais encore des intérêts capitalisés à 6 o/o, et ce, à compter du jour où les versements auraient dû être faits.

Art. 25. — Les certificats, actes de notoriété et autres pièces relatives à l'exécution de la présente loi seront délivrés gratuitement et dispensés d'autres droits de timbre et d'enregistrement.

Art. 26. — La présente loi est applicable aux départements du Bas-Rhin, du Haut-Rhin et de la Moselle.

Un règlement d'administration publique fixera les conditions dans lesquelles les dispositions de la présente loi seront étendues à l'Algérie.

La présente loi, délibérée et adoptée par le Sénat et par la Chambre des députés, sera exécutée comme loi de l'État.

Fait à Rambouillet, le 22 juillet 1922.

A. MILLERAND.

Par le Président de la République :

Le Ministre des Travaux Publics,

YVES LE TROQUER.

Le Ministre des Finances,
CH. DE LASTEYRIE.

Le Ministre de l'Intérieur,
Maurice MAUNOURY.

CAISSE AUTONOME MUTUELLE DES RETRAITES
DES AGENTS
des Chemins de fer secondaires d'intérêt général
des Chemins de fer d'intérêt local
et des Tramways.
10, rue de Londres

Paris, le 19 avril 1923.

LETTRE DU DIRECTEUR DE LA CAISSE

AUTONOME MUTUELLE

à *Messieurs les Préfets*

Le décret du 30 janvier 1923 (*Journal Officiel* du 31 janvier) portant règlement d'administration publique pour l'exécution du dernier alinéa de l'article 10 de la loi du 22 juillet 1922, relative aux retraites des Agents des Chemins de fer secondaires d'intérêt général, des Chemins de fer d'intérêt local et des Tramways, prévoit que la Caisse Autonome Mutuelle arrêtera les modèles de diverses pièces nécessaires à la mise en application de ladite loi.

Vous voudrez bien trouver ci-joint un certain nombre de ces modèles dont l'utilisation sera la plus immédiate et je vous serais obligé de vouloir bien les notifier aux exploitants de votre ressort par l'intermédiaire du service du Contrôle local.

Bien que le libellé de ces modèles paraisse suffisamment explicite, je crois cependant devoir le compléter ci-après par quelques indications qui constitueront en quelque sorte la première jurisprudence indispensable pour l'exacte application de la loi.

A. — *Affiliation des agents.*

1º En principe, le bulletin de renseignements nº 1 doit être adressé par l'exploitant pour tout agent remplissant les conditions prévues par l'article 3 de la loi du 22 juillet 1922, c'est-à-dire dès que l'intéressé a effectué « un an de service continu dans un emploi du cadre permanent » ;

2º Étant donné le manque d'uniformité actuel dans les statuts du personnel des diverses compagnies d'intérêt local et de tramways, il importe de noter que l'affectation *au cadre permanent* ne peut être considérée comme une condition essentielle de l'affiliation au nouveau régime de retraites. Il convient plutôt de se reporter au texte de l'article 2 de la loi qui vise d'une manière moins étroite tous les agents « attachés d'une manière régulière et permanente à une administration ou à une compagnie exploitant un réseau de voies ferrées ».

Il demeure d'ailleurs entendu que, dans tous les cas douteux signalés par les exploitants, la Caisse Autonome Mutuelle décidera de l'affiliation après telle enquête qu'elle jugera nécessaire ;

3° Pour faciliter le travail de la Caisse Autonome Mutuelle et mieux assurer l'application aussi rapide que possible de la loi, il serait désirable que les exploitants adressent dans le moindre délai des bulletins de renseignements Modèle n° 1 *bis*, qui portent récapitulation des services des agents antérieurement au 1er janvier 1923. Ce dernier bulletin serait ainsi le seul employé pour le personnel actuel, le Modèle n° 1 n'étant utilisé dans l'avenir que pour les agents qui n'auraient pas encore effectué une année continue de service permanent au 1er janvier 1923 ;

4° Le bulletin de renseignements concernant une femme mariée doit être établi non pas au nom que celle-ci porte depuis son mariage mais à son nom patronymique ;

5° L'acte de notoriété qui peut être produit à l'appui du bulletin de renseignements, en remplacement du bulletin d'état-civil, doit être établi dans les formés prescrites par l'article 71 du Ccde civil, c'est-à-dire contenir la déclaration faite par sept témoins de l'un ou de l'autre sexe, parents ou non parents, des prénoms, nom,. profession et domicile de l'intéressé et ceux de ses père et mère s'ils sont connus ; le lieu et autant que possible l'époque de sa naissance et les causes qui empêchent d'en rapporter l'acte. Les témoins signent l'acte de notoriété avec le juge de paix et s'il en est qui ne puissent ou qui ne sachent signer, il en est fait mention.

6° Les agents étrangers peuvent produire, au lieu et place

de l'acte de notorieté, soit un extrait certifié conforme de l'acte de naissance annexé à leur acte de mariage, s'ils ont contracté mariage en France, soit, le cas échéant, un extrait également certifié du décret de naturalisation. Pour ceux d'entre eux qui, possédant une expédition de leur acte de naissance, ne voudraient pas s'en démunir et hésiteraient, en raison des frais, à s'en procurer un nouvel exemplaire, la Caisse Autonome Mutuelle consent à recevoir en communication ce document afin de pouvoir en prendre copie ou extrait ; l'original sera ensuite restitué à son propriétaire par l'intermédiaire de l'exploitant.

B. — *Bordereau sommaire trimestriel.*

7º Le bordereau sommaire trimestriel établi conformément au Modèle nº 2 est remis en un seul exemplaire par la partie versante au comptable du Trésor qui délivre pour chaque versement un récépissé et une déclaration de versement. Le récépissé constitue pour la Compagnie la preuve du versement fait. La déclaration du versement est conservée par l'exploitant pour être annexée au bordereau détaillé annuel dont le modèle sera indiqué ultérieurement ;

8º Suivant les instructions données par M. le Ministre des Travaux Publics (circulaires des 30 janvier et 30 mars 1923) il y a lieu de comprendre dans le salaire ou traitement sujet à retenue :

a) Pour ce qui concerne les réseaux secondaires d'intérêt général et les voies ferrées d'intérêt local autres que les tramways urbains (dont les agents touchent l'indemnité de cherté de vie de 720 francs par an, payée par l'État), la totalité des sommes payées par l'exploitant au titre d'indemnité de vie chère, exclusion faite seulement de celles qui ont un caractère absolument temporaire et exceptionnel.

b) Pour ce qui concerne les tramways urbains dont les agents ne reçoivent pas l'indemnité de 720 francs payés par l'État, la totalité des indemnités de vie chère à l'exclusion d'une part, des indemnités d'un caractère essentiellement temporaire visées ci-dessus, et d'autre part, d'une somme de 2 francs par jour ou 720 francs par an, équivalente à l'indemnité de cherté de vie payée par l'État aux agents visés sur le paragraphe *a*.

Sont en outre comprises dans le traitement ou salaire sujet à retenue les primes de travail et de traction que reçoivent certaines catégories d'agents et le logement, celui-ci étant arbitré à 8 p. 100 du traitement avec un minimum de 200 francs ;

9° Dans les calculs, toute fraction de centime doit être négligée lorsqu'elle ne dépasse pas 0,0050 et, dans le cas contraire, doit être forcée jusqu'à concurrence d'un centime ;

10° Les « versements supplémentaires » mentionnés au bordereau sommaire sont ceux prévus soit par l'article 3, soit par l'article 20, dernier alinéa, de la loi du 22 juillet 1922.

Il est rappelé que ce dernier cas s'applique notamment aux Compagnies qui faisaient antérieurement un versement de 6 p. 100 sur le traitement proprement dit des agents sans en faire aucun sur les accessoires du traitement (primes de travail ou de traction, valeur du logement) qui donnent lieu désormais à versements. Si ce versement antérieur dépassait 6 p. 100 du traitement soumis à retenue aux termes de la loi, l'excédent devra être inscrit sous la rubrique « Versements supplémentaires » ;

11° Les versements doivent être opérés soit à Paris, à la Recette Centrale des Finances de la Seine, soit en province, chez le receveur des finances, choisi une fois pour toutes par l'exploitant ;

C. — *Demandes de liquidation de retraite.*

12° Le « salaire moyen » des six dernières années de service servant de base à la liquidation de la retraite est la moyenne des traitements ou salaires sujets à retenue aux termes de la loi du 22 juillet 1922, et payés à l'intéressé pendant les six périodes de douze mois consécutifs précédant la date de la cessation de ses services ;

13° Sauf dans le cas de mobilisation prévu par l'article 12 de la loi du 22 juillet 1922, le temps réglementairement passé sous les drapeaux ne peut entrer en compte dans la durée des services.

Lorsque l'intéressé, pour quelle que cause que ce soit, n'aura pas effectué la totalité des services militaires imposés à sa classe par les lois de recrutement, la durée légale de ces derniers services sera toujours exclue du décompte des années exigibles pour lui ouvrir droit à une pension de retraite ;

14° L'âge et la durée des services sont décomptés par année, par mois et par jour, tant pour établir le droit à pension que pour fixer le montant de la retraite, étant entendu que le nombre des jours sera compté ou non pour un mois entier suivant qu'il dépassera ou non le chiffre de 15 ;

15° Dans le cas où un agent remplissant les conditions de retraite définies par la loi vient à décéder en activité de service, la veuve ou les orphelins, qualifiés, ont les mêmes droits que si l'agent avait été admis à la retraite le jour de son décès ;

16° La pension de retraite acquise par une femme en qualité d'agent d'une exploitation de voies ferrées est directement reversible par m itie sur ses orphelins.

En aucun cas le mari n'a droit à une pension du chef de sa femme prédécédée ;

17° Dans sa teneur actuelle, l'article, 18 1er alinéa, de la loi du 22 juillet 1922 ne semble pas reconnaître à la femme divorcée le bénéfice de la réversibilité.

Cependant, au vu des travaux préparatoires (notamment rapport n° 4.431 présenté par M. Charlot, député, et annexé au procès-verbal de la deuxième séance de la Chambre du 9 juin 1922), la Caisse Autonome Mutuelle incline à penser que le texte légal comporte une erreur matérielle et qu'en fait le législateur a voulu accorder la réversibilité à la femme divorcée, si le divorce n'a pas été prononcé aux torts exclusifs de celle-ci.

Toutefois, étant donné l'importance des répercussions financières de cette interprétation, la Caisse Autonome Mutuelle a saisi de cette question M. le Ministre des Travaux Publics et la solution définitivement adoptée sera ultérieurement notifiée ;

18° La pension de réversibilité peut se cumuler au profit de la veuve avec une pension de retraite acquise par elle en qualité d'agent d'une exploitation de voies ferrées.

La femme pensionnée qui contracte un nouveau mariage conserve tous ses droits à pension ; mais si, par suite de mariages successifs une femme se trouve pouvoir prétendre à plusieurs pensions de réversibilité, elle ne reçoit que la plus forte.

Le Directeur de la Caisse Autonome Mutuelle,

Signé : CARTIER.

Imprimerie R. DUGUET
13, rue Gallois, Blois